Tout pour plaire à mes Soeurs

Texte : Luc Durocher
Illustrations : Bruno Saint-Aubin

À Carlos Darlan, Miguel,
José Luis (les deux) et Juan Carlos
qui me permettent une ouverture
sur le monde en espagnol
et en portugais.
Luc

Le raton laveur

Catalogage avant publication de Bibliothèque et Archives nationales du Québec et Bibliothèque et Archives Canada

Durocher, Luc, 1954-

Tout pour plaire à mes sœurs

(Le raton laveur)
Pour enfants de 3 à 8 ans.

ISBN 978-2-89579-266-6

I. St-Aubin, Bruno. II. Titre. III. Collection: Raton laveur (Bayard (Firme)).

PS8557.U76T682 2010 jC843'.6 C2009-941026-5
PS9557.U76T682 2010

Nous reconnaissons l'aide financière du gouvernement du Canada par l'entremise du Programme d'aide au développement de l'industrie de l'édition (PADIÉ) pour nos activités d'édition.

Conseil des Arts du Canada Canada Council for the Arts

Bayard Canada Livres inc. remercie le Conseil des Arts du Canada du soutien accordé à son programme d'édition dans le cadre du Programme des subventions globales aux éditeurs.

Cet ouvrage a été publié avec le soutien de la SODEC.
Gouvernement du Québec – Programme de crédit d'impôt pour l'édition de livres – Gestion SODEC.

Dépôt légal – Bibliothèque et Archives nationales du Québec, 2010
Bibliothèque et Archives Canada, 2010

Direction : Paule Brière
Graphisme : Mathilde Hébert
Révision : Sophie Sainte-Marie

4475, rue Frontenac, Montréal (Québec) H2H 2S2 Canada
Téléphone : 514 844-2111 ou 1 866 844-2111
Télécopieur : 514 278-0072
Courriel : edition@bayardcanada.com

Imprimé au Canada

Site Internet et fiches d'activités disponibles sur **www.bayardlivres.ca**

Mes parents me disent toujours d'être gentil avec mes sœurs, alors je fais vraiment tout pour leur plaire. Mais parfois, j'ai l'impression que je n'y arrive pas.

J’ai voulu plaire à ma jeune sœur Jasmine.
Quand papa s’est rasé, j’ai donc ramassé les poils qui traînaient. Je les ai collés sur un grand bâton que j’ai offert à ma sœur. Elle passe son temps à dire qu’elle veut manger de la barbe à papa.
C'est barbant !

Comme mon plan n'a pas marché avec Jasmine, j'ai décidé de plaire à Sabrina, la plus grande. J'ai ajouté quelques poils de notre chien sur le gâteau qu'elle avait préparé pour ses amies. Je l'avais entendue dire qu'elle voulait que son gâteau soit au poil.

— Kristof, c'est vraiment chien, ce que tu as fait !

Pour me reprendre, j'ai pensé que ce serait plus facile de plaire aux deux en même temps. Je suis entré dans leur chambre. J'ai fouillé dans la penderie pour couper de petits bouts de leurs robes de chambre.

Au souper, je leur ai donc cuisiné
des pommes de terre en robe de chambre...
complètement dans les patates !

Jasmine a tellement hâte d'être grande que j'ai décidé de l'aider. J'étais très content de mon idée. J'ai placé de très grandes aiguilles sous chacun de ses souliers. Elle répète tout le temps que, lorsqu'elle sera grande, elle pourra enfin marcher avec des talons aiguilles.

Kristof ?

Sabrina aime autant les souliers que Jasmine. Quand papa et maman ont préparé le petit déjeuner, j'ai immédiatement pensé à placer quelques crêpes sous ses bottes. Sabrina use la patience de mes parents à force de leur demander de lui acheter des bottes à semelles de crêpe.

Zoouuu!

Ma plus jeune sœur a des problèmes de sommeil. Pour l'aider, je me suis rendu à la ferme de mon oncle et j'ai rapporté plusieurs moutons. Ma mère dit toujours à Jasmine de compter les moutons pour l'aider à dormir.

— C'était une idée
plutôt bête !

Je me suis permis de fouiller dans le sac d'école
de mes sœurs. Sur toutes les feuilles que j'ai pu trouver,
j'ai collé de belles lettres d'alphabet. Pour leur anniversaire,
toutes les deux voulaient recevoir du papier à lettres.

Ensuite, j'ai été assez gentil pour préparer le petit déjeuner de Jasmine. Je lui ai fait des œufs et j'ai ajouté de petits morceaux de miroir dans son assiette. Elle adore les œufs au miroir !

— Ton idée me laisse de glace !

Le jour où Sabrina a dormi chez une amie,
j'étais tout content de faire un grand trou
sur la carte du monde accrochée
au mur de sa chambre.
Je pensais qu'elle serait
la plus contente des sœurs,
car elle nous casse les oreilles
avec ses discours d'ouverture
sur le monde.

Dans un magasin, j'ai acheté plein de chemises. Dedans, j'ai caché tout ce que mes deux sœurs avaient laissé traîner. Mes parents trouvent qu'elles n'ont pas d'ordre et ils leur suggèrent de tout mettre dans des chemises.

Ce soir, malgré tous mes efforts pour plaire à Jasmine et à Sabrina, mes parents m'ont encore envoyé dans ma chambre. Mais je sais comment m'y prendre pour que mes deux sœurs retrouvent leur bonne humeur demain… Je vais les traiter aux petits oignons !